This Book Belongs To

Christmas Card List

The C. R. Gibson Company, Norwalk, Connecticut
Printed in the U.S.A.

A

Name and Address

Name and Address	Year	S	R	Year	S	R

Name and Address

	Year	S	R	Year	S	R

B

Name and Address

Name and Address	Year	S	R	Year	S	R

Name and Address

Name and Address	Year	S	R	Year	S	R

B

Name and Address

Name and Address	Year	S	R	Year	S	R

Name and Address	Year	S	R	Year	S	R

B

Name and Address

	Year	S	R	Year	S	R

Name and Address

Name and Address	Year	S	R	Year	S	R

C
Name and Address

Name and Address	Year	S	R	Year	S	R

C

Name and Address	Year	S	R	Year	S	R

D

Name and Address

	Year	S	R	Year	S	R

Name and Address

Name and Address	Year	S	R	Year	S	R

E
Name and Address

Name and Address	Year	S	R	Year	S	R

Name and Address

Year	S	R	Year	S	R

E

F

Name and Address	Year	S	R	Year	S	R

Name and Address

	Year	S	R	Year	S	R

F

G
Name and Address

Name and Address	Year	S	R	Year	S	R

G

Name and Address	Year	S	R	Year	S	R

H
Name and Address

Name and Address	Year	S	R	Year	S	R

Name and Address

Name and Address	Year	S	R	Year	S	R

Name and Address

Name and Address	Year	S	R	Year	S	R

Name and Address

Name and Address	Year	S	R	Year	S	R

J

Name and Address

Name and Address	Year	S R	Year	S R

Name and Address

	Year	S	R	Year	S	R

J

K
Name and Address

Name and Address	Year	S	R	Year	S	R

Name and Address	Year	S	R	Year	S	R

K

L

Name and Address

Name and Address	Year	S	R	Year	S	R

Name and Address	Year	S	R	Year	S	R

M

Name and Address

Name and Address	Year	S	R	Year	S	R

Name and Address	Year	S	R	Year	S	R

M

Name and Address	Year	S	R	Year	S	R

Name and Address	Year	S	R	Year	S	R

N

Name and Address

Name and Address	Year	S	R	Year	S	R

Name and Address

Name and Address	Year	S	R	Year	S	R

O

Name and Address	Year	S	R	Year	S	R

Name and Address

Year	S	R	Year	S	R

PQ Name and Address

	Year	S	R	Year	S	R

PQ

Name and Address	Year	S	R	Year	S	R

R
Name and Address

Name and Address	Year	S	R	Year	S	R

R

Name and Address	Year	S	R	Year	S	R

S

Name and Address

Name and Address	Year	S	R	Year	S	R

Name and Address

Name and Address	Year	S	R	Year	S	R

S

Name and Address

Year	S	R	Year	S	R

Name and Address

Name and Address	Year	S	R	Year	S	R

T

Name and Address	Year	S	R	Year	S	R

Name and Address

Name and Address	Year	S	R	Year	S	R

T

Name and Address	Year	S	R	Year	S	R

Name and Address

Name and Address	Year	S	R	Year	S	R

UV
Name and Address

Name and Address	Year	S	R	Year	S	R

UV

Name and Address	Year	S	R	Year	S	R

W

Name and Address

	Year	S	R	Year	S	R

Name and Address

	Year	S	R	Year	S	R

XYZ Name and Address

	Year	S	R	Year	S	R

XYZ

Name and Address	Year	S	R	Year	S	R

XYZ Name and Address

	Year	S	R	Year	S	R